Mein Instrument mach ich mir selber

von Dorothée Kreusch-Jacob
mit Illustrationen von Christian Kämpf

Otto Maier Verlag Ravensburg

Inhalt

Zu diesem Buch

Viele haben mitgemacht, gespielt, geplant, gebaut und Spaß gehabt! Ich möchte euch hier die Mitspieler vorstellen:

Die Schüler der Klassen 5 und 8 des Gregor-Mendel-Gymnasiums in Amberg bauten mit ihren Musiklehrern Andrea Mendel und Erwin Walther Instrumente, teilweise nach alten Vorbildern. Manche dieser Instrumente kommen noch heute in der Volksmusik vor. Wie sie gebaut und gespielt werden, haben die Schüler selbst für euch aufgeschrieben.

Henry Daniel ging mit uns ins Museum. In der Instrumentensammlung des Münchner Stadtmuseums erklärte und zeigte er den Kindern afrikanische Instrumente seiner Heimat. Sie durften sogar auf den Instrumenten selbst spielen.

Thomas Dubs, den Kunstmaler und Bildhauer, besuchte eine Gruppe von Kindern in seinem Atelier in Meilen bei Zürich. Nur mit einem beilähnlichen Werkzeug, dem Dechsel, schuf er ein ganzes Holzorchester aus 120 Instrumenten. Staunend erlebten die Kinder hier Instrumente, deren Oberfläche sich so anfühlte, daß die Hände unwillkürlich mitspielen mußten. Ihre Form und ihr Klang regten Augen und Ohren gleichermaßen zum Erfinden und Musikmachen an.

Robinson? ...Richtig, Robinson hätte ich beinahe vergessen. Er meint, Instrumente lassen sich aus fast nichts bauen, das heißt aus dem wenigen, was jeder auf seiner „Insel" findet.

Und jetzt seid ihr dran! Gebraucht dieses Buch, wie es entstanden ist. Es will euch neugierig machen, damit ihr Augen und Ohren offenhaltet für alles, was mit Musik zu tun hat. Ganz gleich, ob ihr ein noch nie dagewesenes Instrument baut, ob ihr singt, horcht, spielt oder nachdenkt... wenn's euch dabei Spaß macht, habt ihr sie bald gefunden, die Musik, die zu euch paßt!

Klappern/Ratschen

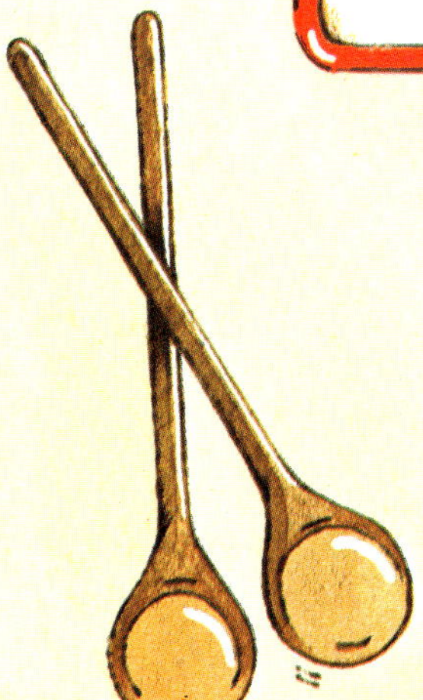

Löffelklapper

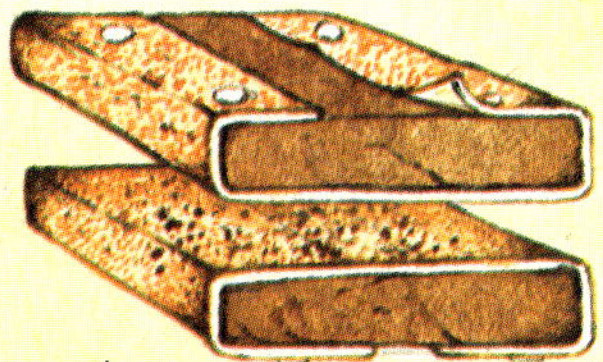

Sandpapierreibe

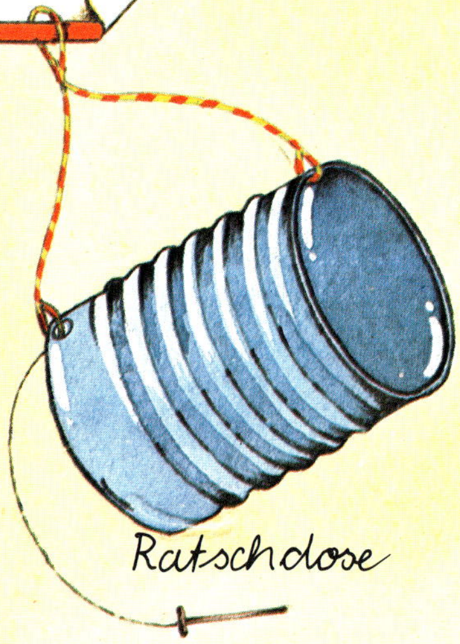

Ratschdose

Ratschkamm

Musikanten, die kommen, die spielen so frisch!
Nun tanzen die Stühle, nun tanzt auch der Tisch.
Musikanten, die kommen, die spielen so frisch!

Musikanten, die kommen, die spielen so hell!
Bald tanzt auch das Sofa, das alte Gestell,
Musikanten, die kommen, die spielen so hell!

Die Tassen und Teller, die tanzen herum,
und nun auch der Milchtopf, klabumm, kippt er um!
Die Tassen und Teller, die tanzen herum.

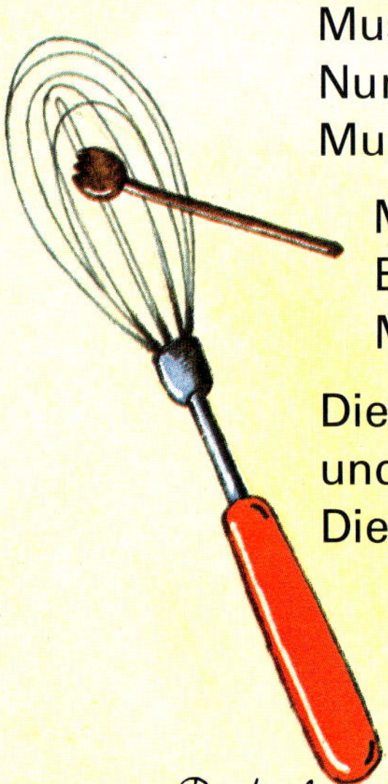

Ratschquirl

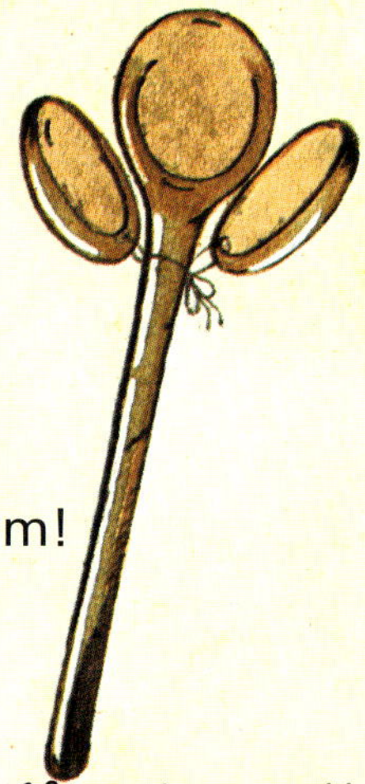

Löffelkastagnette

Rollkugelblech

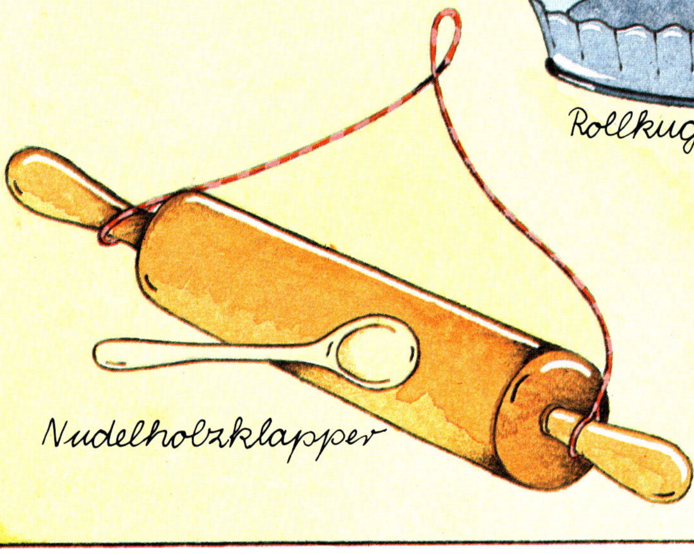

Nudelholzklapper

Fingerhutskiffle

„Happy birthday & Co."

Bei eurer Geburtstagsband darf es wild und laut zugehen! Zu Beginn sucht ihr euch ein Lied aus, das alle kennen. Dann singt ihr alle miteinander und spielt dazu auf euren selbstgebastelten Instrumenten: Rasseln, Klappern, Trommeln, aber auch Händeklatschen, Schnalzen oder Stampfen hören sich dabei gut an!

Klanghaus

Alle machen mit beim Bau dieses Klanghauses. Eine Wand besteht nur aus Klappern und Ratschen.

Musikalische Reise nach Jerusalem

Ihr stellt einen Stuhlkreis auf und legt auf jeden Stuhl ein Instrument. Es muß jedoch ein Stuhl weniger sein, als ihr Mitspieler seid. Einer von euch bedient ein Radio oder einen Kassettenrekorder. Wenn Musik erklingt, wandern alle um den Stuhlkreis. Sobald die Musik verstummt, sucht sich jeder schnell einen Sitzplatz, nimmt das Instrument und spielt darauf. Setzt die Musik wieder ein, legen alle ihre Instrumente auf die Stühle und wandern weiter. Ein Stuhl samt Instrument wird weggestellt!
Gewonnen hat, wer am Schluß auf dem letzten Stuhl sitzt und auf dem Instrument spielt.

Gefährlicher Dschungel

Bei diesem Spiel müßt ihr durch den „Dschungel" gehen, ohne von einer giftigen Klapperschlange gebissen zu werden. Einem von euch werden die Augen verbunden. Er muß sich nun von der einen Seite des Raumes auf die gegenüberliegende Seite vorwärtstasten. Aber vorsichtig, denn im Raum verteilt sitzen die anderen Mitspieler mit Musikinstrumenten, es sind die Klapperschlangen. Sie klappern laut, wenn man ihnen zu nahe kommt. Stößt man an eine Klapperschlange, wird sie beißen. Dann ist das Spiel beendet, ein anderer kommt an die Reihe und wagt seinen Gang durch den Dschungel.

Kleine Nussknacker knacken knackig
knackiger knacken grosse Nussknacker

Es klapperten
die Klapperschlangen
bis ihre Klappern
schlapper klangen

Drei trappelnde Rappen mit
klappernden Hufen
polterten über die dröhnende
bretterne Brücke
mit donnerndem Krach.
Dann hörte man wieder den
rieselnden, raunenden,
glicksenden, glucksenden,
silberhell plaudernden Bach.

Josef Guggenmoos

Versuche, diese Verse mit deinem Instrument zu begleiten.

Horch, wo bin ich? Horch, wie kling' ich?

Für zwei Spieler

Der eine steht in der Mitte des Kreises, hat die Augen verbunden und muß raten. Der andere schleicht leise um den Instrumentenkreis und spielt immer wieder ein anderes Instrument an. Wurde dreimal richtig geraten, wird gewechselt.

Ein anderes Spiel:

Mit verbundenen Augen muß ein Spieler hören, welches Instrument im Kreis gerade gespielt wird und aus welcher Richtung der Klang kommt.

Für mehrere Spieler

Die Musikanten sitzen im Kreis, jeder hat ein Instrument vor sich liegen. Durch Zublinzeln verständigen sie sich, wer auf seinem Instrument spielen soll. Ein Mitspieler steht mit verbundenen Augen in der Mitte und muß raten.

Wußtest du schon?

In manchen Gegenden läuten am Karfreitag die Kirchenglocken nicht. Da ziehen die Kinder morgens, mittags und abends mit Klappern durch das Dorf und rufen die Zeit aus. Als Belohnung gibt es Ostereier. (Zeichnung rechts)

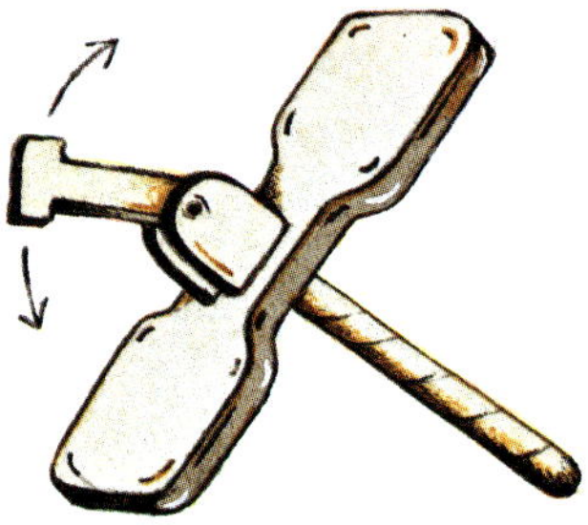

Robinson hat entdeckt, was für eine schöne Ratsche ein trockener Tannenzapfen sein kann.

Der „Vogelschreck" ist eine Klapperkette aus Rußland. Hier werden kleine Holzbrettchen oder Stäbchen aneinandergeschlagen. Du kannst das Instrument aus hölzernen Wäscheklammern nachbauen. (Foto rechts)

Auf der Südseeinsel Bali ziehen Kinder in großen Scharen mit selbstgebauten Klapperglocken über die frisch eingesäten Felder, um die Vögel zu verjagen. Sie schlagen dabei mit einem Holzstöckchen auf röhrenartige Glocken, die sie selbst aus einem runden Aststück ausgehöhlt haben.

Rasseln

Ich bin eine Rassel
mit Sand und Steinen drin.
Und wenn du richtig loslegst,
dann hüpf ich her und hin.

Bettelmanns-Hochzeit

Hier wird die Kostümkiste zu Bettelmanns Hochzeit ausgepackt!

Macht mit und ladet eure Freunde zum Hochzeitsspiel ein. Was ihr dazu braucht sind ein paar alte Kleidungsstücke. Und schon kann es losgehen: mit Singen, Tanzen und Spielen. Überall in diesem Buch findet ihr Ideen für Musikinstrumente, mit denen ihr die schönste Hochzeitsmusik machen könnt. Hier ein paar Ideen für eure Spielmusik: Die einzelnen Tiere stellen sich dem Brautpaar spielend und tanzend vor. Beim Kehrreim musizieren wieder alle mit.

Oder: Alle sitzen im Kreis und spielen, wie der Hochzeitszug sich langsam nähert. Zuerst ist die Musik ganz leise aus der Ferne zu hören, dann wird sie immer lauter, kommt näher und näher, zieht vorbei und verklingt allmählich. Versucht es einmal!

Rassel-Memory®

Für mehrere Spieler Die Rasseln sind im Raum verteilt. Jeder Mitspieler nimmt sich eine Rassel und hört sich genau den Klang seines Instrumentes an. Dann gehen alle durch den Raum und suchen den Spielpartner mit der gleichklingenden Rassel.

Robinson 1

Rasselwerkstatt

Glühbirnenrassel
Ausgebrannte Glühbirnen überziehst du mit Pappmaché, das sind Papierfetzen, die vorher in angerührtem Tapetenkleister eingeweicht wurden. Alles gut trocknen lassen! Anschließend vorsichtig beklopfen, so daß das Glas innen zerspringt. Horch, wie die Glassplitter bei jeder Bewegung rasseln. Wenn du viele Rasseln bastelst und bunte Gesichter aufmalst, kannst du dir eine lustige Rasselfamilie zusammenstellen.

Große Ballonrassel
Blase einen Luftballon auf und verknote ihn fest. Überziehe den Ballon mit Pappmaché. Laß unten eine Öffnung frei, die so groß ist, daß eine Pappröhre als Handgriff hineingeschoben werden kann.
Warte bis der Rasselkörper ganz trocken ist. Dann laß die Luft aus dem Ballon wieder heraus. Befestige die Pappröhre mit Pappmaché am Rasselkörper und laß alles wieder trocknen. Nun fülle deine Rassel durch den Papiergriff mit Reis, Erbsen oder ähnlichem. Verschließe den Papiergriff mit zerknülltem Zeitungspapier. Beklebe deine Rassel mit buntem Papier oder male sie an.

Die Wie-heiß-ich-wohl-Rassel
Eine Rassel kann auch so aussehen. Aus Holzabfällen wurde hier eine bunte Rasselfigur gebaut. Erfinde selbst eine ganz ungewöhnliche Rassel und denke dir einen ebenso ungewöhnlichen Namen für dein Instrument aus.

Roll-Rassel
Hier werden Zahnstocher zwischen zwei große Korken gesteckt. In diesen „Käfig" kommt ein Glöckchen. Diese Rassel kannst du auch rollen, probiere es einmal aus.

Afrikanische Kürbisrassel

Ungewohnte Klänge sind im stillen Museum zu hören. Henry spielt mit einer Kürbisrassel, die mit Ketten aus Samenkörnern umspannt ist. Alle Kinder klatschen mit. Diese Rassel kannst du dir auch zu Hause nachbauen. Wenn du keinen Kürbis und keine Samenkörner auftreiben kannst, dann stelle den Rasselkörper aus Pappmaché her und befestige darüber eine Schnur mit Perlen. (Siehe Seite 11)

Rassel-Gequassel

Nimm in jede Hand eine Rassel. Beide Instrumente sollten unterschiedlich klingen. Eine Rassel beginnt das Spiel und „erzählt" etwas. Nun „antwortet" die Rassel der anderen Hand. Sie spielt etwas, das zu dem Vorhergehenden paßt. Darauf spielt wieder die erste Rassel – und so weiter. Du kannst diese Unterhaltung so lange fortführen, wie es dir Spaß macht.

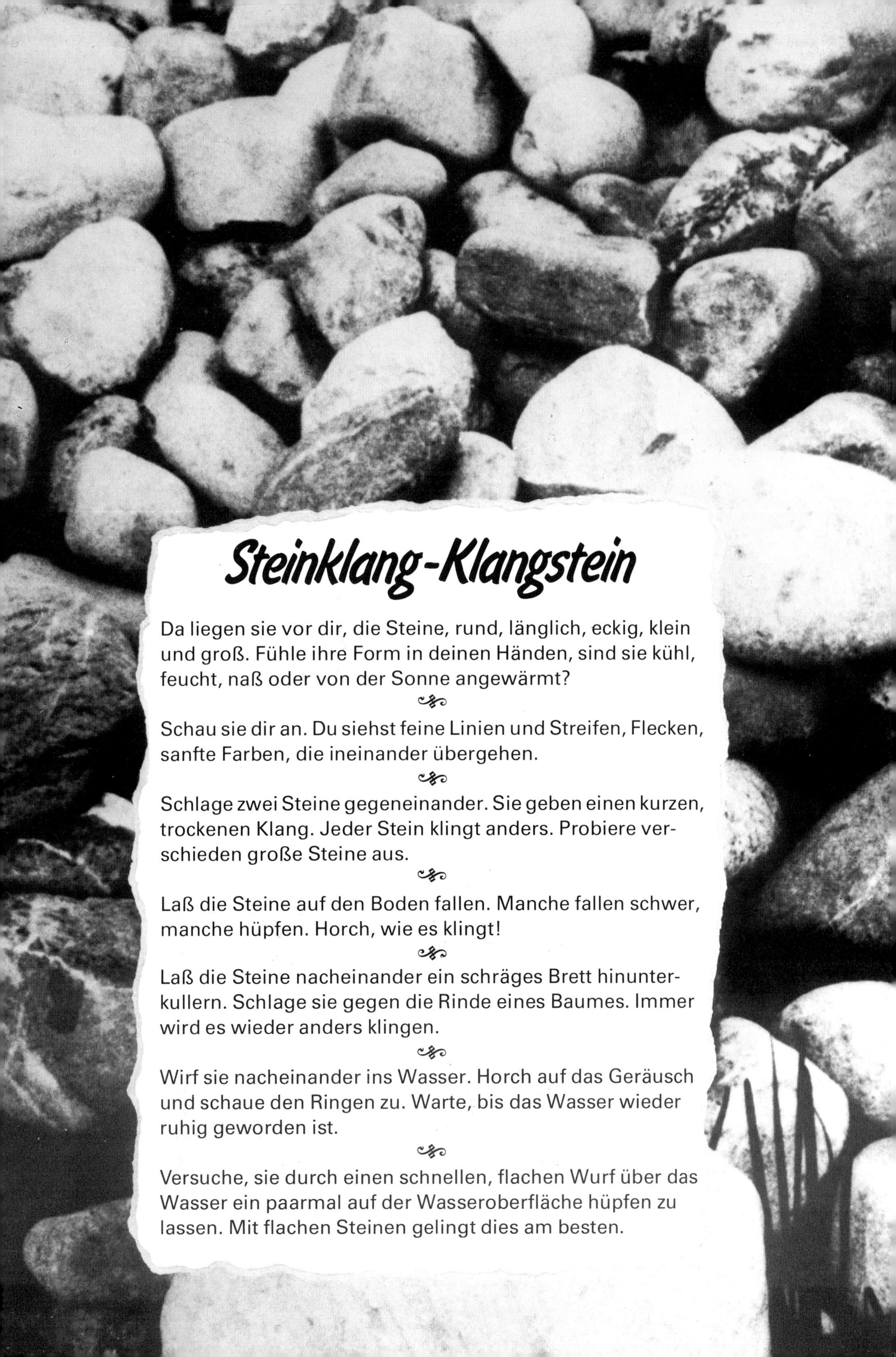

Steinklang-Klangstein

Da liegen sie vor dir, die Steine, rund, länglich, eckig, klein und groß. Fühle ihre Form in deinen Händen, sind sie kühl, feucht, naß oder von der Sonne angewärmt?

Schau sie dir an. Du siehst feine Linien und Streifen, Flecken, sanfte Farben, die ineinander übergehen.

Schlage zwei Steine gegeneinander. Sie geben einen kurzen, trockenen Klang. Jeder Stein klingt anders. Probiere verschieden große Steine aus.

Laß die Steine auf den Boden fallen. Manche fallen schwer, manche hüpfen. Horch, wie es klingt!

Laß die Steine nacheinander ein schräges Brett hinunterkullern. Schlage sie gegen die Rinde eines Baumes. Immer wird es wieder anders klingen.

Wirf sie nacheinander ins Wasser. Horch auf das Geräusch und schaue den Ringen zu. Warte, bis das Wasser wieder ruhig geworden ist.

Versuche, sie durch einen schnellen, flachen Wurf über das Wasser ein paarmal auf der Wasseroberfläche hüpfen zu lassen. Mit flachen Steinen gelingt dies am besten.

Robinson 2

Trommeln
Camembert
Drehtrommel (mit Holzperlen)
Rasseltrommel (mit Erbsen)
Prallkugeltrommel (mit Gummiband und Holzkugel)
bespannen mit:
• Fensterleder
• starker Plastikfolie
• Schweinsblase feucht
• Tierfell
befestigen mit:
• Schnur
• Teppichklebeband
• Einmachgummi
Blumentopftrommel
STAR
Bongos aus Installationsröhren
Pauke aus Waschmitteltonne
Schellentrommel (mit Kronkorken)
Bongos aus Pappröhren

Trommelkonzert

Setzt euch in einen Kreis und schließt die Augen, so könnt ihr besonders gut aufeinander hören. Fangt gemeinsam mit Trommeln an. Jeder kann dabei einen eigenen Rhythmus erfinden. Wichtig ist, daß das Spiel des Einzelnen zur Musik der Gruppe paßt und daß ihr zusammen Anfang und Schluß findet. Einen Dirigenten braucht ihr dabei nicht. Wenn ihr dies öfter wiederholt, werdet ihr merken, wie ihr euch immer besser aufeinander einspielt. Keines eurer Trommelspiele wird gleich klingen. Es wird verschieden lang und unterschiedlich laut sein, mit längeren oder kürzeren Pausen dazwischen. Vielleicht werdet ihr sogar gemeinsam lauter oder leiser. Erzählt mit euren Trommeln auch die Trommelgeschichte (S. 21).

Ping-Pong-Trommel-Spiel

Kennt ihr das Ping-Pong-Spiel mit Handtrommeln? Zwei verschieden klingende Instrumente ergeben eine lustige Zweiton-Musik!

Trommeln klingen nicht nur laut. Hört einmal, wie leise sie sein können! Ihr könnt mit den Fingerspitzen leicht und schnell auf das Trommelfell trommeln, oder mit den Fingernägeln schaben und kratzen, oder mit den Handflächen weich und sanft über das Fell streichen. Wenn ihr mit den Fingerknöcheln kurz und kräftig auf den hölzernen Rahmen klopft, klingt es wieder anders.

Trommeln geben nicht nur kurze Töne von sich. Wenn ihr auf das Trommelfell ein paar Pfennige legt und dann locker darauf schlagt, fangen die Pfennige zu hüpfen an und verursachen einen rasselnden Klang.
Dreht eure Trommel um und laßt im inneren Teil eine Kugel kreisen. Ein endlos langer Ton entsteht.

Urwaldtrommeln

Versteckt euch mit euren Trommeln in verschiedenen Zimmern der Wohnung oder im Garten. Jetzt könnt ihr euch, wie die Eingeborenen im Urwald, Nachrichten und Botschaften zuspielen.

Kleine Trommelgeschichte

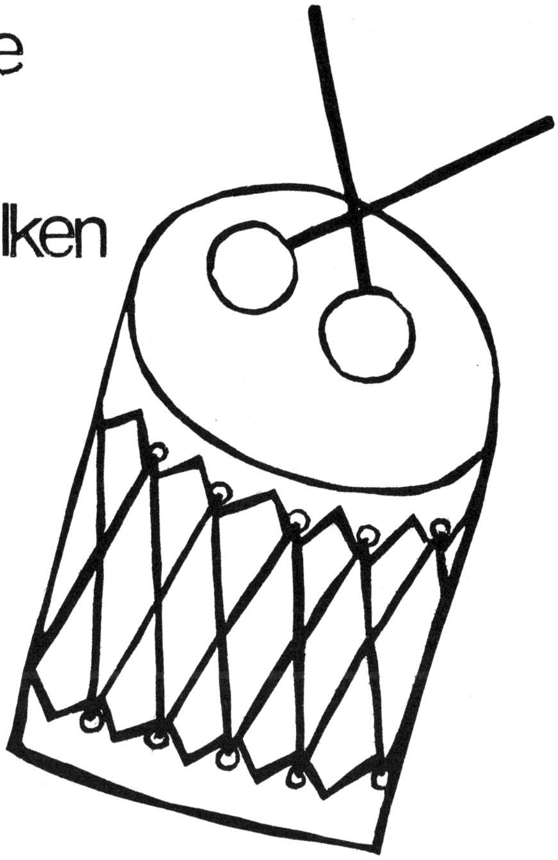

Leichter Wind-dunkle Wolken
gibt's Regen?
es tröpfelt
der Wind wird stärker
es regnet, es regnet
es heult und pfeift
es schüttet
es giesst
es hagelt
Donner, Blitz, Donnerwetter, Blitzdonnerwetter
es prasselt auf deinen Regenschirm
lauf schnell nach Haus!

Spiel mit deiner Trommel
sing mit deiner Trommel
spring mit deiner Trommel
sprich mit deiner Trommel
tanz mit deiner Trommel
such dir einen anderen Trommler-

spiel-sing-spring-sprich-tanz mit ihm!

Trommellied

1

Meine kleine Trommel
tamtarum, hurra,
meine kleine
Trommel
ist wieder da.
Laßt uns singen,
laßt uns springen,
jeden Topf zum
Scheppern bringen,
tamtarum, hurra,
sie ist wieder da!

2

Wohnt 'ne Frau in
Frankreich,
tamtarum, hurra,
die hört meine
Trommel
und sagt sich da:
Ich will singen,
ich will springen,
jeden Topf zum
Scheppern bringen,
tamtarum, hurra,
wie die Kinder da!

3

Wohnt ein Koch in
Moskau,
tamtarum, hurra,
der hört meine
Trommel
und sagt sich da:
Ich will singen,
ich will springen,
jeden Topf zum
Scheppern bringen,
tamtarum, hurra,
wie die Kinder da!

Text: Margarete & Wolfgang Jehn

Klangwege

Alle spielen und wandern! Jeder Trommler wählt sich einen eigenen Weg im Raum. Der eine zum Beispiel marschiert ganz außen an den Wänden entlang, der andere geht kleine Kreise in der Mitte, der dritte wählt einen Zickzackweg und so weiter. Versucht, während des Spiels auf eurem Weg zu bleiben. Achtet darauf, daß ihr keinen Spieler anrempelt.

Interview:

Thomas Dubs

„Die Zungenschlitztrommeln habe ich aus Erlenstämmen nach alten mexikanischen Vorbildern gebaut. Der Klangkörper ist von unten her wie ein Trog ausgehöhlt. Die Spielflächen sind zwei Klangzungen, die ich in das Holz eingeschnitten habe.
Die Zungenschlitztrommel wird mit den Händen oder mit Wollschlägeln bespielt."

Wenn du zu Hause auf dem Speicher eine alte Schublade findest, die nicht mehr gebraucht wird, dann kannst du dir daraus auch eine Zungenschlitztrommel bauen.

Der Brummtopf

Der Brummtopf ist ein altes Instrument. Ich habe ihn mir ganz schnell selbst gebaut! Folgende Materialien habe ich dazu benötigt:

1 Keramiktopf mit Rand oder besser 1 Schmalztopf aus Steingut
1 Stück Fensterleder
1 Gürtel
1 runden Holzstab, 40 cm lang, Durchmesser ca. 1 cm
starken Zwirn oder Paketschnur.

<u>So wird der Brummtopf gebaut:</u>

In den Stab schnitzt man drei Einkerbungen 5 cm von einem Ende entfernt. Das Fensterleder wird in ein Wasserbad getaucht, um es dehnbar zu machen. Anschließend dreht man das kurze Stabende bis zu den Einkerbungen in die Mitte des Leders. Der Stab wird bis zu den Einkerbungen, also 5 cm lang, im Leder befestigt, indem man einen starken Zwirn fest um Leder und Stab wickelt. Jetzt wird das Fensterleder über den Keramiktopf gespannt und mit der Schnur und dem Gürtel am Rand des Topfes befestigt. Der Stab muß dabei genau in der Mitte stehen.

Tamburin und Landsknechttrommel

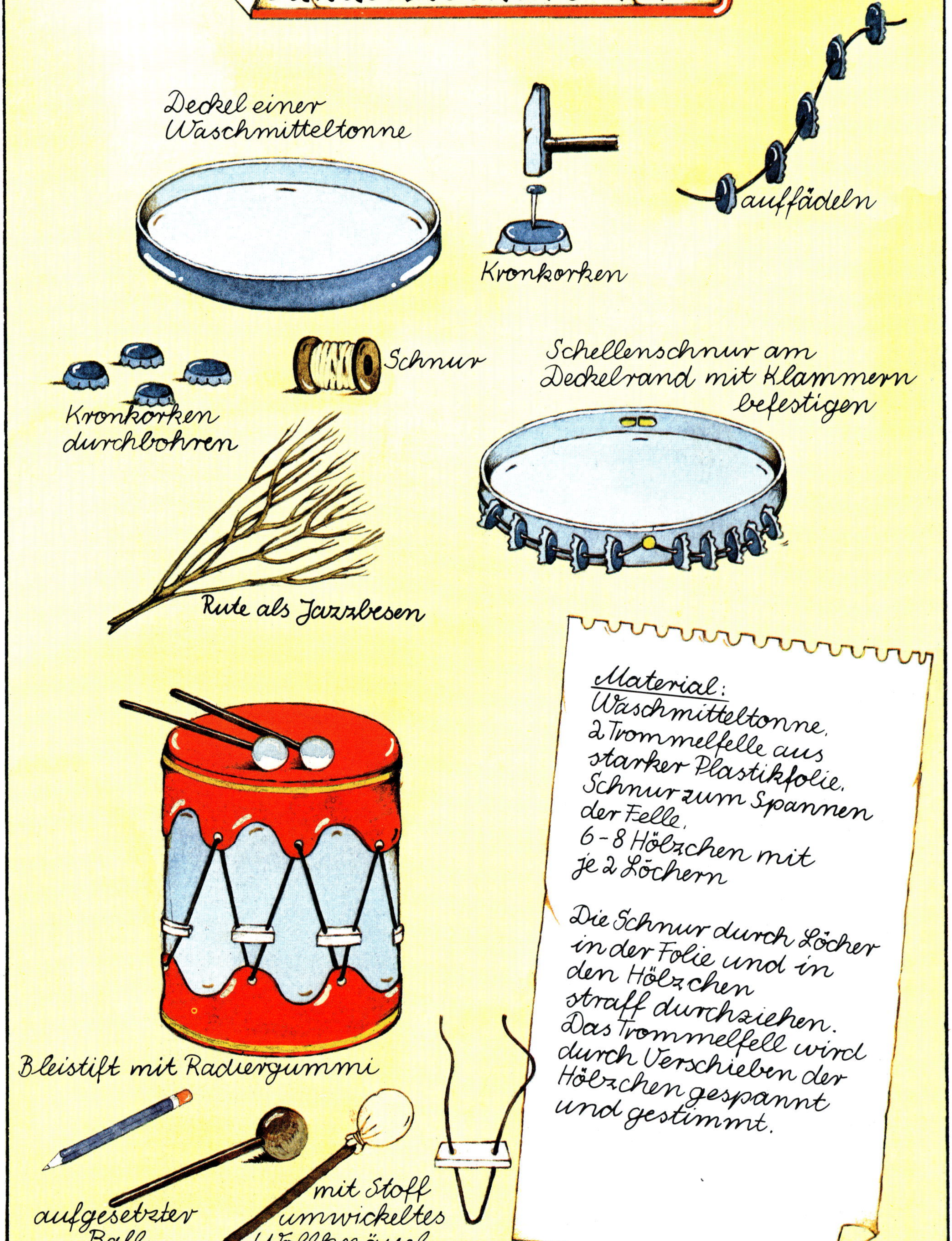

Material:
Waschmitteltonne.
2 Trommelfelle aus starker Plastikfolie.
Schnur zum Spannen der Felle.
6–8 Hölzchen mit je 2 Löchern

Die Schnur durch Löcher in der Folie und in den Hölzchen straff durchziehen. Das Trommelfell wird durch Verschieben der Hölzchen gespannt und gestimmt.

Tonleiterhaus

Willst du ein Xylophon-Spiel bauen, in das du auch hineinschlüpfen kannst? Dann bringe in deinem Musikhaus viele Klangspiele an, die du von allen Seiten, von draußen und drinnen, allein oder mit deinen Freunden zusammen bespielen kannst.

Klingende Blumen-
töpfe

Das Blumentopf-
spiel ist mir eingefallen, als
unser Musiklehrer sagte, wir
sollen alles, was wir zu Hause
finden, ausprobieren, wie es
klingt.
Der Klang der Blumentöpfe
gefiel mir gleich. Deshalb baute
ich mir ein Blumentopfspiel. Ich
sägte ein Brett zurecht, nahm
mehere runde Stäbe und schnitt
sie ab, daß sie etwa 5 cm länger
waren, als die Höhe der Blumen-
töpfe. Dann bohrte ich Löcher in
das Brett und steckte die Stäbe
hinein.
Nun verglich ich die Klänge der
einzelnen Töpfe und suchte mir
Töne aus, die zueinander paßten.
Ich stülpte die entsprechenden Töpfe
über die Stöcke und schlug sie
mit einem Holzstab an. Das
klang ganz gut. Man kann auch
immer wieder neue Tonreihen bilden.

Christian, 11 Jahre

Xylo-Ton-Spiel

Du brauchst dazu

1 dicke Pappröhre
1 Holzbrettchen
gleicher Länge
Tesamoll
2 Schrauben
2 Muttern

Aus der Pappröhre wird in der Mitte ein breiter Schlitz ausgeschnitten. An beiden Enden des Holzbrettchens bohrst du ein Loch, das so groß sein muß, daß die Schraube gut hindurchgeschoben werden kann. Mit den Schrauben und den Gegenmuttern wird das Brettchen an der Pappröhre befestigt. Klebe zwischen das Brettchen und die Pappröhre Tesamoll. Die Schrauben darfst du nur locker anziehen, damit das Holz beim Anschlagen schwingen kann und gut klingt.

Lebendiges Xylophon

Jeder von euch hat einen Xylo-Ton vor sich und spielt ihn an. Ordnet die Töne nach „hoch" und „tief". Laßt alle Töne der Reihe nach klingen, von „hell" nach „dunkel" und umgekehrt.

Tauscht eure Plätze und spielt wieder nacheinander eure Töne. Horcht, wie sich eure Musik verändert hat!
Tauscht eure Töne untereinander aus und erfindet auf diese Weise immer wieder neue Melodien.

Klangspiele

Robinson hat ein paar große, kräftige Äste gefunden. Er will sich daraus ein Xylophon bauen, eine Klangleiter mit verschiedenen Tönen.
Um herauszufinden, wie die Äste klingen, legt er sie einzeln auf weiche Graspolster, damit sie gut klingen, wenn er darauf schlägt. Der harte Boden würde den Klang abdämpfen. Als Schlägel nimmt er einen dünneren Ast und probiert die Klänge aus. Dabei entdeckt er, daß die Äste in der Mitte und an den Enden am besten klingen.
Um es genau feststellen zu können, nimmt er feinen Sand, streut ihn auf das Klangholz und schlägt wieder leicht auf die Mitte. Dabei kann er beobachten, daß in der Mitte und an den Enden des Astes die Sandkörner von den Schwingungen weggeschleudert werden. Diese Stellen klingen also deshalb am besten, weil hier die Schwingungen des Holzes am stärksten sind. An der Stelle, wo der Sand liegenbleibt, legt Robinson die Klangbalken auf.

Vielleicht hast du nicht die Möglichkeit, draußen im Grünen „Robinson“ zu spielen. Dann entdecke als Robinson zu Hause deine Insel und untersuche sie nach Klängen. So kannst du zum Beispiel ein Klangspiel aus Besteck oder Nägeln bauen.

Klimper

Zanza

Die Zanza, oder auch Sansa oder Klimper genannt, kommt aus Afrika. Mehrere Metall- oder Holzstäbchen, Späne oder Metallbänder sind an einem Ende festgeklemmt und werden mit den Fingern angezupft. Die Höhe der Töne kann durch Verschieben der Stäbe verändert werden.

Tischklimper-Spiel

Halte ein Lineal – es kann auch zum Beispiel ein Schaschlikspieß sein – am Tischrand fest. Mit der anderen Hand zupfst du das überstehende Ende an. Verschiebe das Lineal und höre, wie sich der Ton verändert.

Brummhölzchen

Wenn du einen Zahnstocher fest zwischen die Zähne nimmst und daran zupfst, brummt es ganz schön in deinem Kopf. Wenn du Mund und Lippen dazu bewegst, verändert sich der Ton. Versuchst du es einmal? Das Brummhölzchen klingt ähnlich wie eine Maultrommel.

Auch ganz Kleine wollen mitklimpern! Hier sind einfach Holzstäbchen in eine Styroporkugel gesteckt. Die Stäbchen werden angezupft. Ein Karton, eine Schublade oder ein Kasten können als Klangkörper den leisen Ton verstärken.

Du kannst auch Holzperlen auf den Stäben befestigen und diese gegen Löffel oder Metallteile schnellen lassen (Bild links).

Zanza

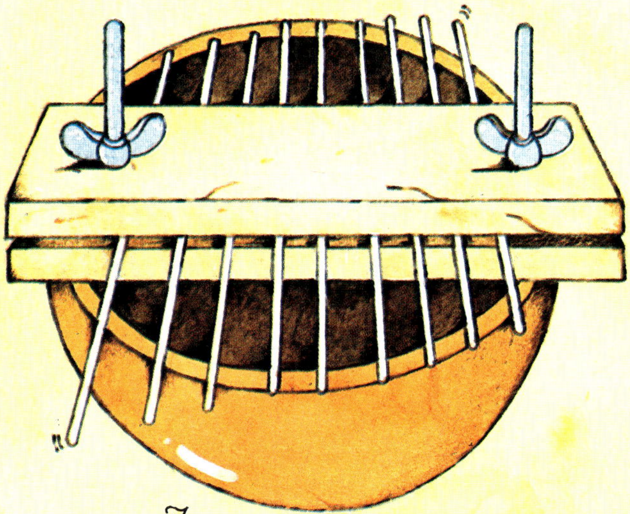

Zanza

Schaschlikspieße aus Holz – oder auch Fahrradspeichen – zwischen zwei Brettchen klemmen und auf eine Holzschüssel legen. Durch Verschieben der Stäbchen kann eine Tonreihe gebildet werden.

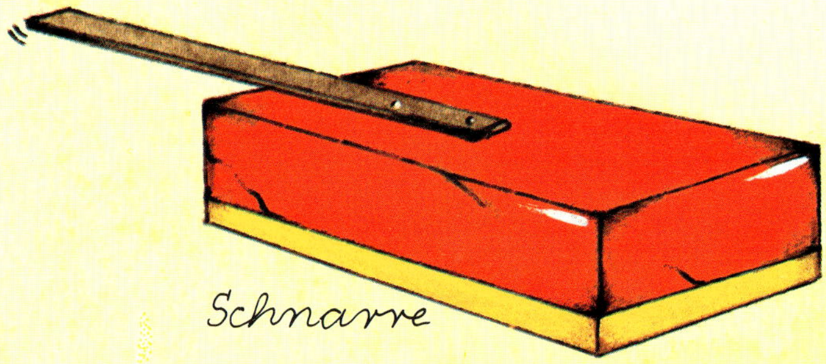

Schnarre

Holzleiste mit dünnen Nägeln auf Zigarrenkistchen befestigen

Löffelklimper

Nägel zwischen Krampenbögen schieben. Eislöffelchen unter dem mittleren Nagel durchziehen. Nimm eine Dose als Klangverstärker.

Klimper-Spiele

Spielt mit den Tönen eurer Zanza. Erfindet immer wieder neue Tonfolgen und Klänge. Ihr könnt die Stäbchen leise anzupfen, schnarren oder knallen lassen, aber auch mit dem Handrücken über alle Stäbchen hinwegfahren.

Habt ihr Lust, eure Musik auch aufzuzeichnen? Man muß dabei keine Noten schreiben! Erfindet einfach eure eigenen Zeichen für das, was ihr hört. Ihr malt sie auf ein Papier und versucht, danach zu spielen. Da gibt es zarte oder kräftige Töne, spitze oder langschwingende Klänge, helle oder dunkle Klangfarben, schnell aufeinanderfolgende Wirbel oder dichte Klangteppiche. Ein Klangbild für Augen und Ohren!

Mehrere Spieler nehmen eine lange Papierbahn, um das Klangbild aufzuzeichnen. Es können auch verschiedene Streifen mit Klangzeichen untereinander gelegt werden. Dann versucht ihr alle miteinander und nacheinander, einstimmig und mehrstimmig, ein Klimperkonzert.

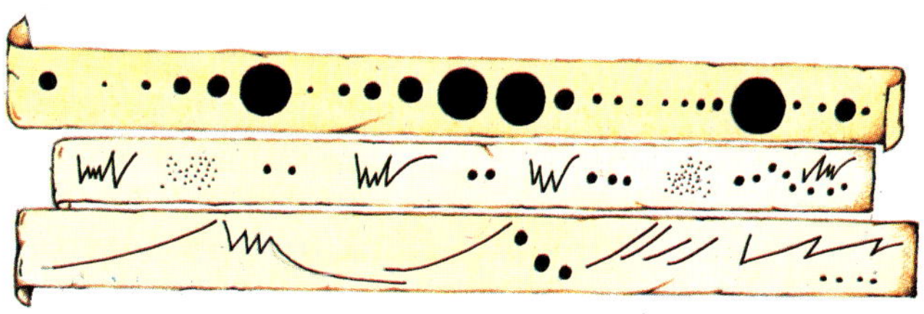

Baumklang-Klangbaum

Suche dir einen Baum.
Lege dich still darunter und betrachte die Himmelsbilder zwischen Ästen und Blättern. Schau, wie sie sich verändern, wenn der Wind sie bewegt. Horch, wie es rauscht.

Leg' deinen Arm um den Stamm und fühle, wie dick er ist. Spürst du die rauhe Rinde? Lege dein Ohr an den Stamm und horche.

Klettere auf deinen Baum, suche dir einen bequemen Sitz und schau dich um.

Spiele einen Vogel; sein Pfeifen, Flöten, Gurren, Trillern und Schreien kann man weit hören.

Hast du ein Gummi in der Hosentasche? Spanne es zwischen zwei Äste und zupfe daran.

Hänge ein paar trockene Äste nacheinander an einem Bindfaden auf und schlage sie mit einem Stöckchen an.

Stell' dir vor, du wärst selbst ein Baum, mit Wurzeln, die tief in die Erde reichen. Laß dich mit weit ausgestreckten Armen vom Wind hin- und herbewegen. Atme langsam ein und aus. Beim Ausatmen kannst du den Wind hören.

Hmta, Hmta

Hmta, hmta,
didelidon,
hmta, hmta,
didelidon.
Kommt, wir spielen
und machen
jetzt Musik!
Du brummst den
tiefen Schrummelbaß,
du kannst auf der
Trompete was,
und dir macht deine
Geige Spaß,
so sind wir
ein Orchester.

Dieses Lied klingt wie ein kleines Orchester, wenn ihr es im Kanon singt. Ein Dirigent in der Mitte des Kreises gibt die Einsätze. Alle Sänger machen gleichzeitig auch die Spielbewegungen zu den einzelnen Instrumenten.

Kanon zu 4 Stimmen aus Amerika: deutscher Text von Ulrich Kabitz

Robinson 4

Musikbogen

Die Buschmänner benutzen ihn heute noch zum Schießen, aber auch zum Musikmachen. Der Musikbogen ist eines der ersten Musikinstrumente der Menschen.
Manche benützten den Mund als Tonverstärker, manche ein Gefäß, zum Beispiel eine halbe Kokosnußschale. Du kannst auch eine Blechbüchse nehmen oder sogar mehrere Musikbogen an einem langen Holzstück befestigen.

Baue dir auch einen Musikbogen. Vielleicht gibst du ihm auch einen klangvollen Namen. Wenn du aufmerksam auf den Klang des Instrumentes hörst, wird es dir sicher seinen Namen verraten.

Kokosnußfidel

Als Klangkörper nimmt Robinson eine Kokosnußschale, die er zwischen eine Astgabel klemmt. Über den „Steg" laufen Saiten aus dünner Hanfschnur, die durch ein kleines Aststück in einem bestimmten Abstand zum Holz gehalten werden.

Floßzither

Robinson baut sich eine kleine Zither aus trockenen Ästchen und Schnurresten. Sie sieht wie ein Floß aus. Einzelne Fasern der Schnur, mit denen auch die Ästchen zusammengebunden sind, werden als Saiten darübergespannt. Durch Einlegen von zwei spitz zulaufenden Stäben bekommen die Saiten mehr Spannung. Zudem können sie auf diese Weise frei über der hölzernen Unterlage schwingen.
Die Floßzither ist ein sehr leises Instrument, das zarte und schöne Klänge von sich gibt. (Siehe großes Foto links)

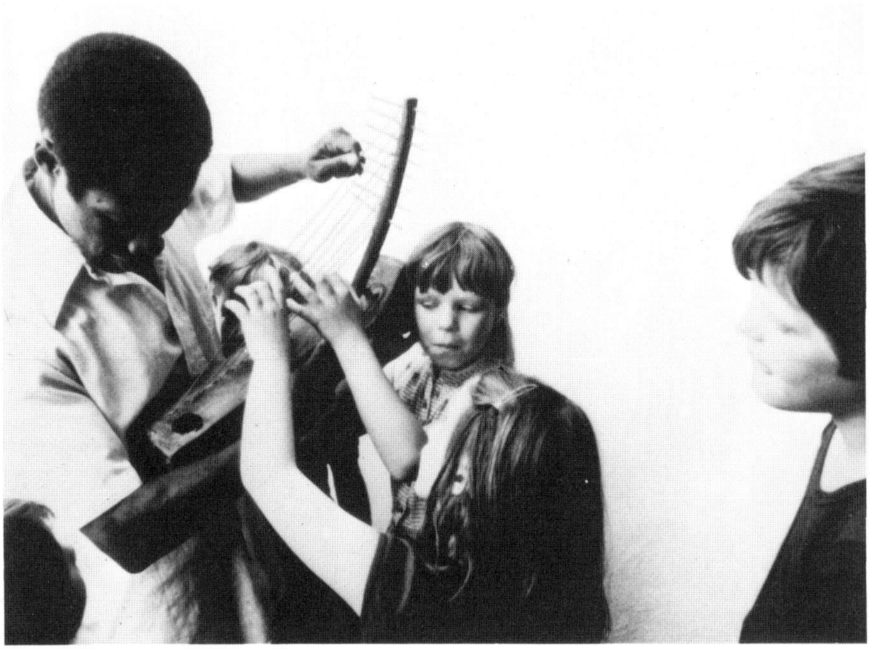

Henry zeigt eine Winkelharfe aus Afrika. Er weiß viel über dieses Instrument zu berichten. Es ist nicht schwierig, sie nachzubauen. Willst du es versuchen? Je nachdem, was du an Material gerade findest, kannst du ihre Form und Aussehen verändern. Gib ihr auch einen klangvollen Namen!

Da steckt Musik drin!

Ein Gedicht in fremder Sprache? Eine Sprachmusik, die man nicht übersetzen kann?
Willst du es ganz genau wissen? Es sind viele klangvolle Namen für ein und dasselbe Musikinstrument aus Afrika: die Bogenlaute.

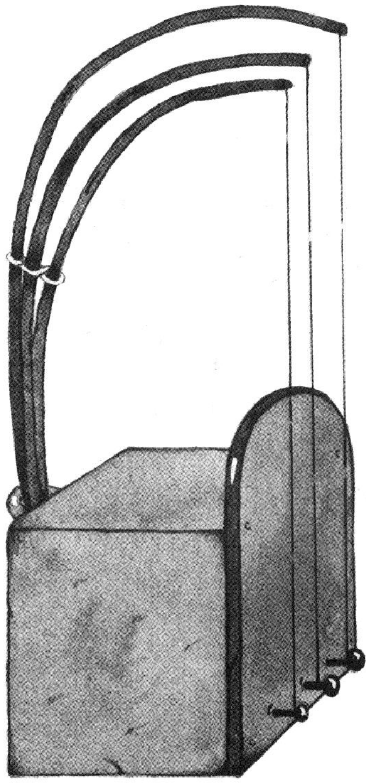

imele
bolima
bompete

kalangu
ovambu
ensandu

lagombi
kissanga
kalunga

njembo?

ndongo · wambi · sabe!

Ich habe dieses Instrument, das einer Leier sehr ähnlich ist, selbst gebaut. Aus ein paar Sperrholzbrettchen zimmerte ich mir einen rechteckigen Resonanzkörper zusammen, die Grundlage eines jeden Saiteninstruments. Daran befestigte ich einen Hals und dann spannte ich über die ganze Sache vier Nylonschnüre. Mein selbstgebautes Instrument versuchte ich nun gleich zu spielen. Es klang sehr zart. Die vier Saiten ließen sich verschieden stimmen: c - e - g - a (oder: c - d - e - g). Diese Tonreihen spielte ich immer wieder als Begleitung zu Liedern oder auch zum Spiel einer Blockflöte. Oft habe ich dabei für mich ein wenig mitgesummt.

Hans - Peter

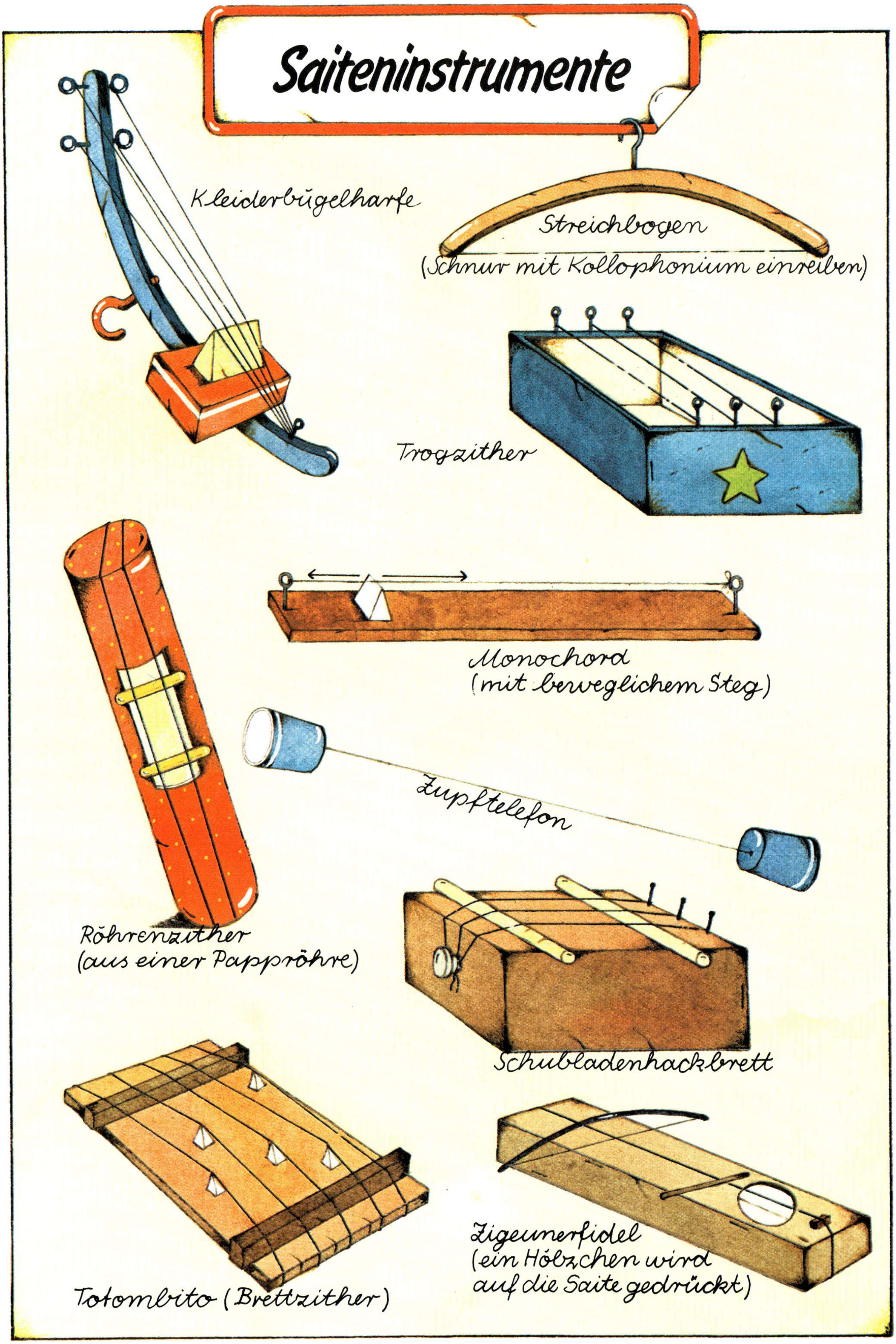
Saiteninstrumente
Kleiderbügelharfe
Streichbogen
(Schnur mit Kollophonium einreiben)
Trogzither
Monochord
(mit beweglichem Steg)
Zupftelefon
Röhrenzither
(aus einer Papprohre)
Schubladenhackbrett
Totombito (Brettzither)
Zigeunerfidel
(ein Hölzchen wird
auf die Saite gedrückt)

Ich bin ein Musikante

1

Ich bin
ein Musikante
und komm
aus Schwabenland.
Wir sind
die Musikanten
und kommen
aus Schwabenland.
Ich kann
auch spielen auf
meiner Geige:
Wir können auch
spielen
auf unsrer Geige:
Fidigeigeigei,
fidigeigeigei…

2

…auch spielen auf
der Trompete:
Tängteräng-täng-
täng…

3

…auch spielen auf
der Klarinette:
Didldum-dum-
dum…

4

…auch spielen auf
meiner Pauke:
Dumderum-dum-
dum…

Klanghaus

Eine Klangtür führt ins Musikhaus. Seine Saiten lassen sich von draußen und von drinnen anspielen. Es sind gespannte Perlonschnüre. Mit Freunden zusammen kannst du dich mit Klängen unterhalten.
Stell' dir vor, der Briefträger und alle Leute, die täglich bei dir zu Hause an der Tür klingeln, müßten zukünftig ihr Kommen mit einem Saitenspiel ankündigen.

Mich-gab's-noch-nie-Geige

Hier siehst du ein ganz besonderes Zupfinstrument. Mit ein paar Holzresten, Nägeln und Gummis kannst du dir selbst so ein ungewöhnliches Instrument bauen. Laß dich überraschen, auf welche Ideen dich solch unscheinbare Dinge bringen!

Ein Klang wandert

Ihr sitzt im Kreis, jeder hat ein Instrument in der Hand. Einer beginnt und spielt etwas auf seinem Instrument, einen Ton, einen kurzen Rhythmus, hohe oder tiefe Klänge. Der nächste Spieler im Kreis nimmt den Klang auf und versucht, ihn mit seinem Instrument nachzuspielen. Hört ihr, wie der Klang durch eure verschiedenen Instrumente anders klingt? Hört ihr auch mit geschlossenen Augen, wie er im Kreis wandert?

Ein Klang wächst

Jeder im Kreis hat ein Instrument vor sich liegen. Einer beginnt mit dem Spiel auf seinem Instrument. Der nächste spielt mit, einer nach dem andern setzt mit seinem Instrument ein.
Hört ihr den Klang wachsen? Hört ihr auch, wie sich die Klangfarbe verändert, wenn andere Instrumente dazu kommen? Wenn alle zusammenspielen, muß der erste Spieler wieder aufhören, dann der nächste und so weiter. Auch diesmal verändert sich der Klang wieder und wird immer leiser, bis nur noch ein Klang übrigbleibt und schließlich verstummt.

Klangteppich

Webt einen dichten Klangteppich mit den Klängen eurer Instrumente. Dabei soll kein Instrument einzeln herauszuhören sein. Ein Dirigent kann mit seinen Handzeichen die Farbe des Teppichs verändern. Auf sein Zeichen hin können bestimmte Instrumente lauter werden, ihr Klang aus dem gesamten Spiel hervortreten. So werden verschiedene Klangmuster hörbar. Auch die Klangfarbe kann sich verändern und stärker oder schwächer werden.
Jeder Dirigent wird seinen eigenen Klangteppich entwerfen.

Früher

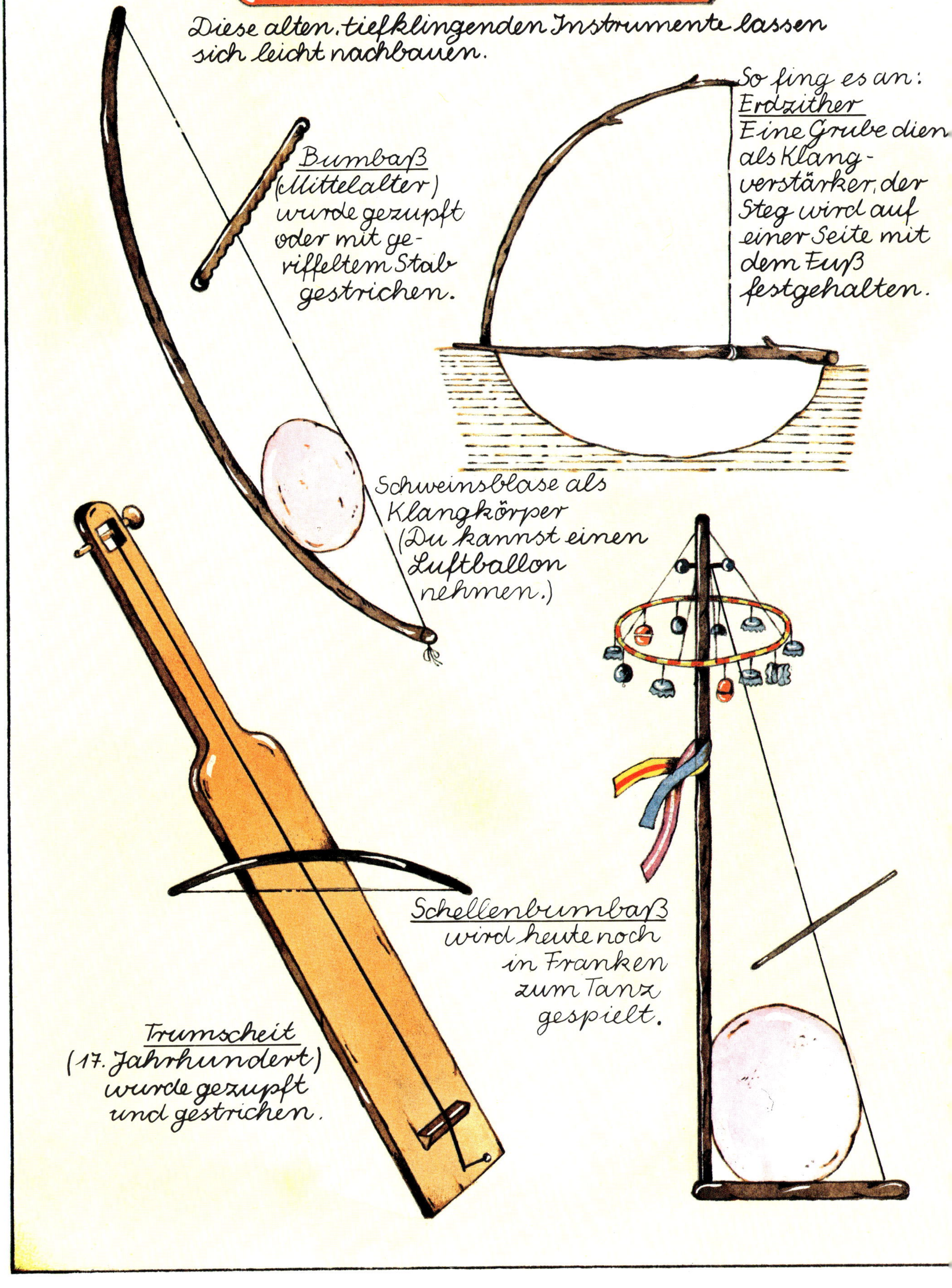

Diese alten, tiefklingenden Instrumente lassen sich leicht nachbauen.
So fing es an:
Erdzither
Eine Grube dien als Klang-verstärker, der Steg wird auf einer Seite mit dem Fuß festgehalten.
Bumbaß
(Mittelalter)
wurde gezupft oder mit geriffeltem Stab gestrichen.
Schweinsblase als Klangkörper
(Du kannst einen Luftballon nehmen.)
Schellenbumbaß
wird heute noch in Franken zum Tanz gespielt.
Trumscheit
(17. Jahrhundert)
wurde gezupft und gestrichen.

Heute

Dro Chonoson mot dom Kontroboß
soßon of dor Stroßo ond orzohlton soch wos.
Do kom do Polozo, io wos ost donn dos?
Dro Chonoson mot dom Kontroboß!

Versuch's mal auf deutsch!
Dieses Lied vom Kontrabaß kannst du noch in viele andere Sprachen übersetzen. Dann wird aus dem Kontrabaß ein Kintribiß, Kantrabaß, Kuntrubuß, Kentrebeß, Keintreibeiß, Kauntraubauß, Keuntreubeuß, Küntrübüß, Köntröböß, Känträbäß…

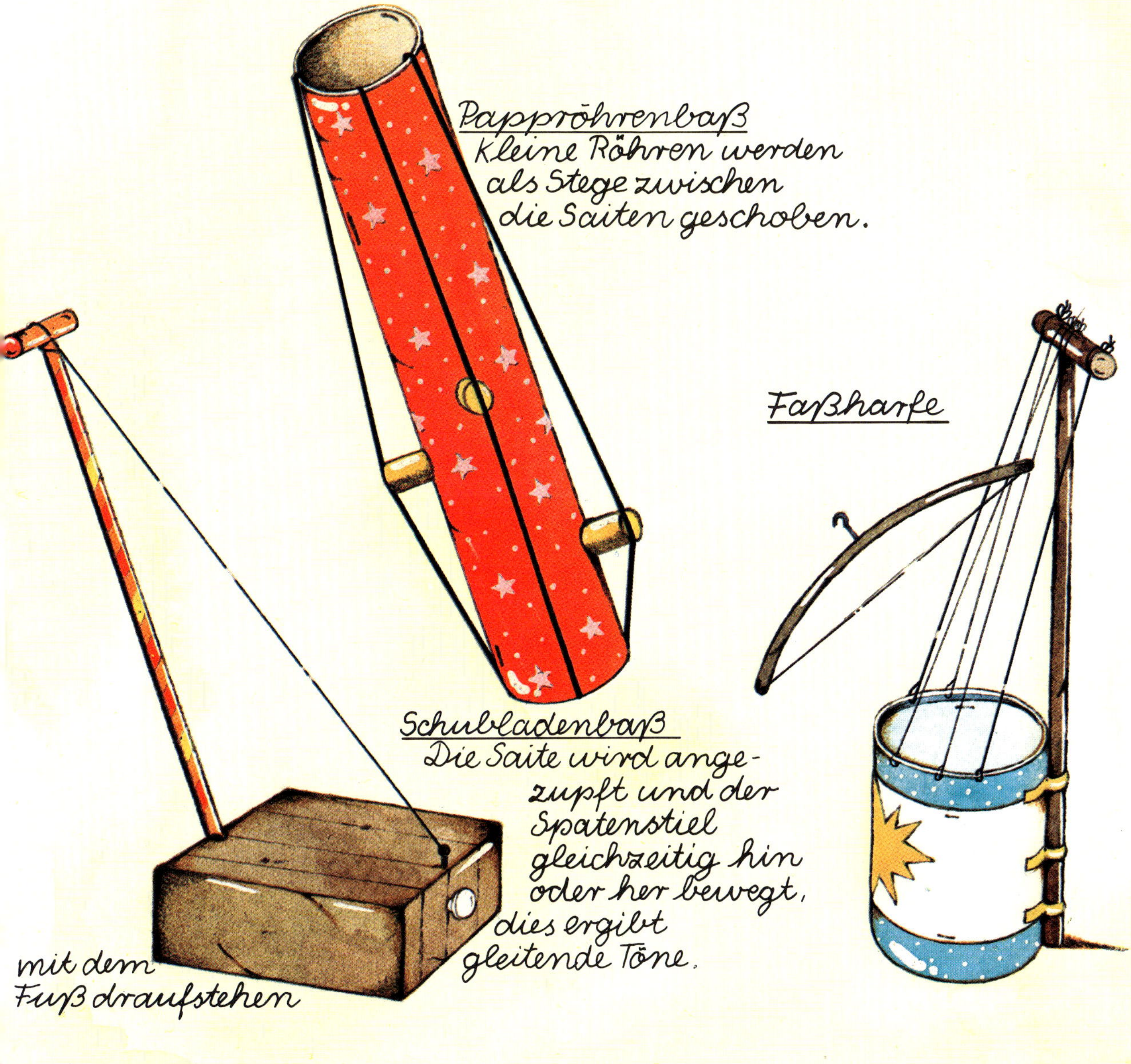

Kreismusik

Einer von euch steht in der Mitte des Kreises und dirigiert mit Handzeichen das Spiel der Musikanten. Zuerst spielen die einzelnen Gruppen, dann alle nacheinander, einmal linksherum, einmal rechtsherum. Erfindet selbst noch andere Spielformen.

Atemspiele

Mit einer Kerze
Versuche, durch vorsichtiges Blasen die Flamme umzubiegen, ohne daß sie ausgelöscht wird. Blase die Flamme ganz schnell mit einem Luftstoß aus. Gehe einen Schritt zurück und versuche es noch einmal. Wieviel Schritte kannst du bei diesem Spiel zurückgehen?

Mit einer Röhre
Schicke deinen Atem hindurch. Deine Hand wird am anderen Ende den Luftstrom spüren. Ist er warm, ist er kalt?

Mit dem Bauch
Leg' deinen Kopf auf den Bauch eines Freundes. Wenn er atmet, füllt die Luft seinen Bauch wie einen Luftballon, und dein Kopf wird dabei hochgehoben. Mehrere Mitspieler können sich dazulegen und so eine ganze Reihe bilden. Jetzt atmet ein und aus oder lacht alle einmal.

Der König schickt die Bläser aus
Wer zuerst dem König einen Gegenstand bringen kann, dem er durch Blasen einen Ton entlockt, darf beim nächsten Spiel König sein.

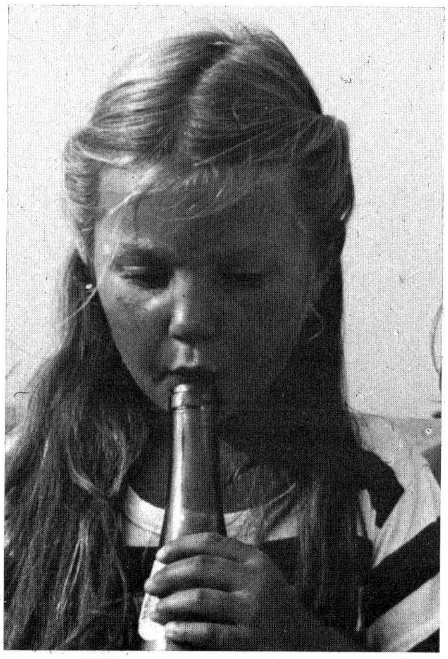

Blasball
Setzt euch um einen Tisch herum und versucht, einen Knäuel Seidenpapier durch euer Blasen ständig in Bewegung zu halten. Der Ball sollte nicht vom Tisch fallen.

Mit Seifenblasen
Wenn du eine Riesenseifenblase machen willst, mußt du ganz vorsichtig mit deinem Atem umgehen. Bläst du etwas heftiger, entstehen viele kleine Seifenblasen, die in alle Richtungen davonschweben.

Mit einem Löwenzahn
Vielleicht ist er eben verblüht. Dann kannst du auf der Wiese tausend kleine Fallschirmchen in die Luft blasen.

Mit einem Luftballon
Blase ihn auf und wirf ihn in die Höhe. Die entweichende Atemluft läßt ihn durch die Luft sausen. Horch, wie sich das anhört!

Robinson 5

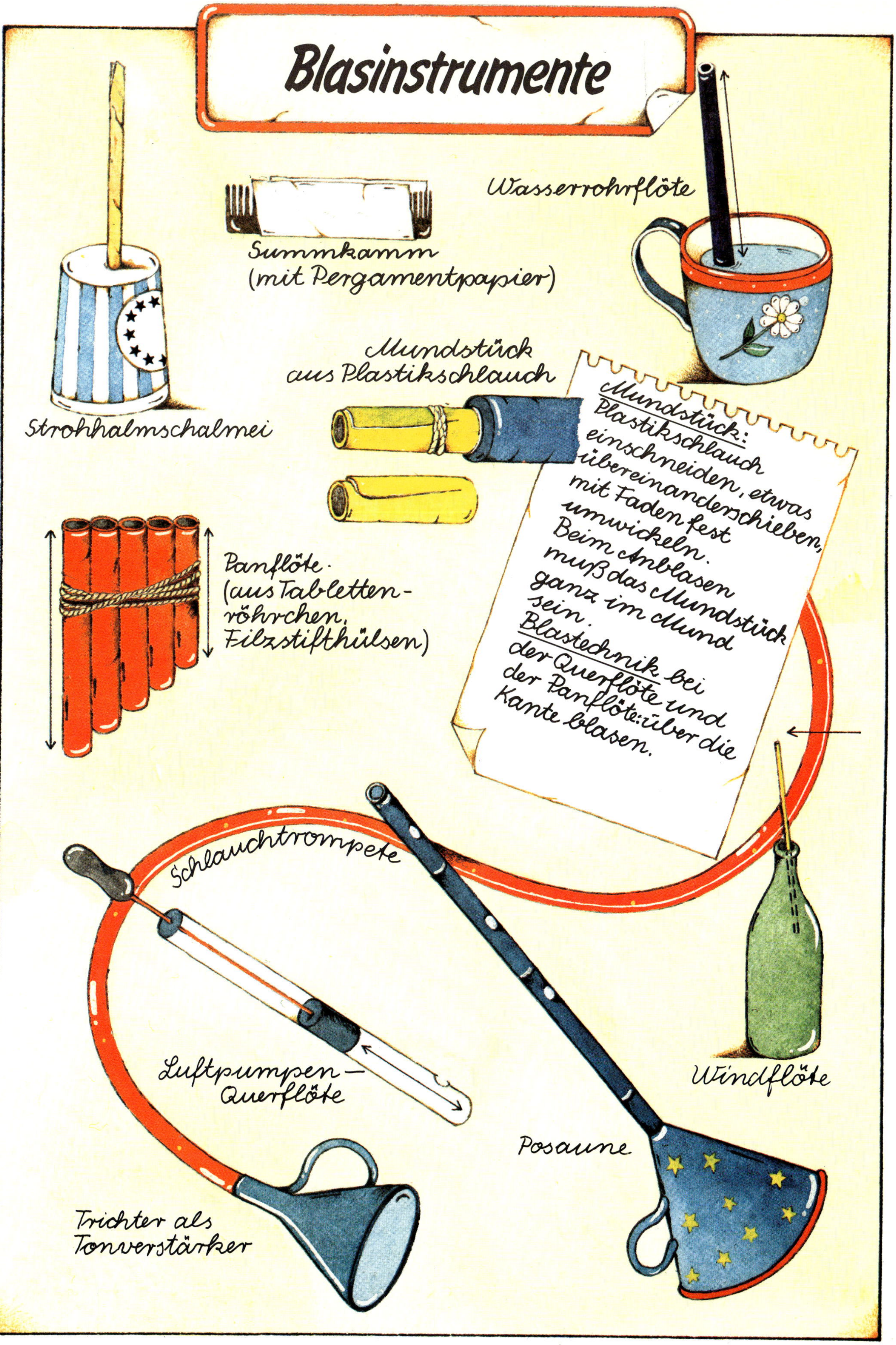
Blasinstrumente
Wasserrohrflöte
Summkamm
(mit Pergamentpapier)
Strohhalmschalmei
Mundstück
aus Plastikschlauch
Mundstück:
Plastikschlauch
einschneiden, etwas
übereinanderschieben,
mit Faden fest
umwickeln.
Beim Anblasen
muß das Mundstück
ganz im Mund
sein.
Blastechnik bei
der Querflöte und
der Panflöte: über die
Kante blasen.
Panflöte
(aus Tabletten-
röhrchen,
Filzstifthülsen)
Schlauchtrompete
Luftpumpen-
Querflöte
Posaune
Windflöte
Trichter als
Tonverstärker

Maienpfeifchen

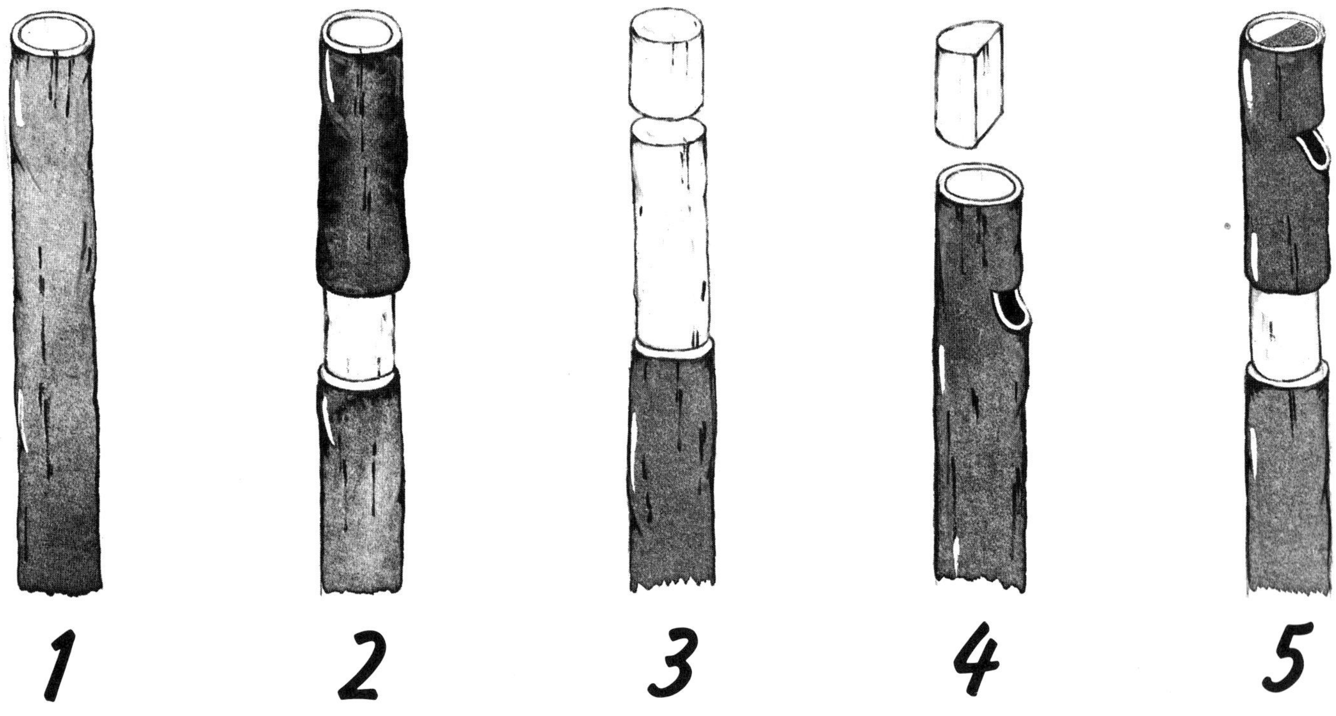

Du brauchst dazu ein Stück einer Weidenrute. Es muß etwa so lang sein, wie dein größter Finger. Hinter einer Verästelung schneidest du die Rute ab (1).
Nun ritzt du über der Verästelung rundum die Rinde ein (2) und versuchst, durch leichtes Drehen und sanftes Klopfen mit dem Messerrücken die Rinde vom Holz zu lösen. Bevor du die Rinde völlig abschiebst, schneidest du eine Kerbe am oberen Rand ein (3).
Vom festen Holz schneidest du ein kleines Stück ab, flachst es auf einer Seite ab und schiebst es als Mundstück wieder in das Rindenrohr zurück (4). Jetzt setzt du das andere Holzstück wieder auf die Rindenhülse und bewegst es leicht hin und her (5).
Nun ist deine Flöte fertig und du kannst darauf spielen. Der Ton der Flöte verändert sich, wenn du den unteren Teil auf- und abschiebst. Du kannst richtige Lieder auf deiner Flöte spielen.

Fränkische Panflöte

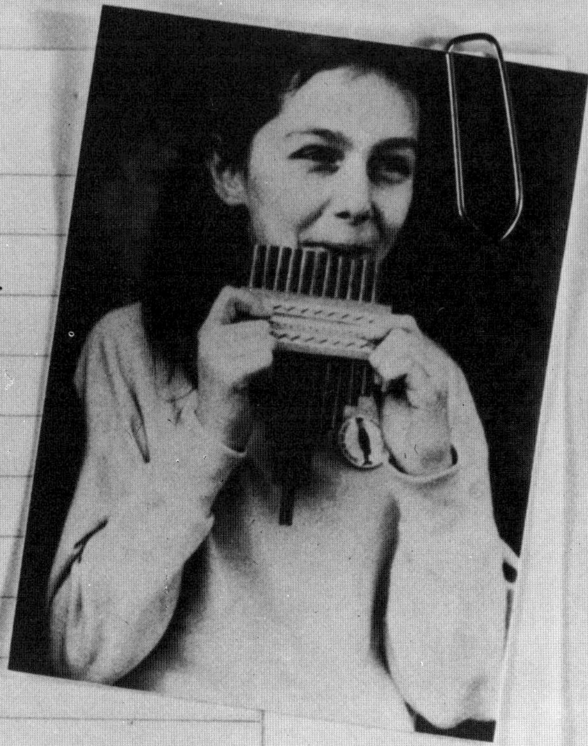

Das alte, fast schon vergessene Blasinstrument aus Oberfranken hat mir besonders gut gefallen. Es sieht ähnlich aus wie eine Panflöte. Man braucht dazu:
1,80 m langes Kupferrohr, aus der Eisenwarenhandlung, 2 Holzbrettchen, Kontaktkleber, 11 kleine Korken, die in das Rohr passen sollten, man erhält sie in der Drogerie, Sandpapier, 90 cm langen Holzstab, zum Stimmen der Flöte (Dübelholz oder Drachenstab) So habe ich das Instrument gebaut:
Mit einer Eisensäge sägte ich das Rohr in 11 Teile mit folgenden Längen: einmal 24 cm, zweimal 20 cm, zweimal 17 cm, zweimal 15 cm, zweimal 12,5 cm, zweimal 10,5 cm. Nun glättete ich die Enden der Röhren mit Sandpapier und schrägte sie oben leicht an. So kann man besser darauf blasen. Dann ordnete ich alle Röhren symetrisch an, wobei sie oben eine gerade Linie bildeten. 3 cm unterhalb des oberen Randes klebte ich von beiden Seiten her ein Brettchen an. Zusätzlich als Befestigung oder als Schmuck habe ich bunte Börtchen über die Brettchen gezogen. Zum Schluß habe ich alle Kupferteile lackiert, damit das Kupfer beim Blasen nicht oxydiert.

Die tanzenden Schuhe

Laß deine Schuhe zu deinem Spiel tanzen! Die Flöte spielt mal lange, mal kurze Töne, sie spielt eine ruhige Melodie oder einen munter hüpfenden Tanz. Und deine Schuhe werden mittanzen! Sie machen mal kleine, mal große Schritte, sie gehen ruhig, schleichen leise oder hüpfen durch das Zimmer.

Frage- und Antwortspiel

Statt mit Worten zu reden, laßt ihr euer Instrument für euch „sprechen". Das Instrument kann etwas fragen, eine lustige Geschichte erzählen und sogar streiten. Aber es muß auch zuhören, was der andere sagt. Der Gesprächspartner ist das Instrument eines Mitspielers.

Ihr könnt das Spiel zu zweit spielen oder als einzelner mit der ganzen Gruppe.

Tausendfüßler

Alle Mitspieler fassen sich an den Schultern und bewegen sich zu den Klängen einer Flöte durch den Raum. Einer führt die Gruppe an, langsam, schnell, in freien Figuren, wie es das Flötenspiel will.

Auf ein verabredetes Klangzeichen übernimmt der letzte in der Schlange die Führung des Tausendfüßlers mit den musikalischen Ohren.

Musikantentreffen auf der Kartonburg

Von nah und fern ziehen die Musikanten ein, um hier miteinander zu singen, zu tanzen, zu spielen und zu feiern. Macht ihr mit? Verkleidet euch und verteilt die Rollen. Da gibt es Musikanten, Sänger, Tänzer, Spaßmacher, Ausrufer, einen Hofstaat und auch Publikum. Früher dauerte so ein Musikfest oft tagelang!

Pfeiflied

1

Ich kann pfeifen!
Ich kann pfeifen!
Und zwar wie!
Und zwar so!
Und zwar ungeheuer
laut!

Ich kann pfeifen!
Ich kann pfeifen!
Einen Pfiff, einen Ton,
einen, den sich
keiner traut.

Wenn jemand
zu mir schlecht ist,
was tut, was nicht
gerecht ist –
dann pfeif ich drauf,
dann pfeif ich drauf,
dann mach ich
einfach –

2

Ich kann pfeifen!
Ich kann pfeifen!
Und zwar wie!
Und zwar so!
Und zwar ungeheur
laut!
Ich kann pfeifen!
Ganz schlimm
pfeifen, daß selbst
Tante Elfriede sich
nicht zu meckern
traut!
Und woll'n mich mal
die frechen
viel größ'ren Jungs
verdreschen –
dann pfeif ich drauf,
dann pfeif ich drauf,
dann mach ich
einfach – Pfiff!

Volker Ludwig/Birger Heymann

Windspiele

Windspiel-Haus

Hast du dir auch mal ein Haus ohne Dach gewünscht, wo man einfach über sich in den Himmel schauen kann? Wo man den Wolken nachschauen kann und den Wind singen hört? Du kannst dein Musikhaus oben offen lassen, anstatt des Daches Schnüre spannen und daran klingende Gegenstände befestigen, die sich im Luftzug bewegen. Dann legst du dich auf den Rücken, schaust in den Himmel und horchst, was dir der Wind vorspielt.

Hast du schon einmal den Wind in Stromleitungen singen hören? Manche Leute können aus den verschiedenen Klängen Wetterveränderungen voraussagen. Bau dir auch ein Windinstrument.

Windharfen

Die größte Windharfe der Welt wurde 1785 in Italien gebaut, „Armonica metereologica" hieß sie damals. Vom Dach eines Hauses wurden Stahlsaiten bis hinauf zum Glockenturm der Kirche gezogen. Ihre Klänge sollten Windrichtungen und Wetter voraussagen.
Man kannte diese Instrumente schon im alten Griechenland. Damals nannte man sie Windharfen oder Äolsharfen. Noch im Jahre 988 wurde der Heilige Dunstan in Irland wegen Zauberei verfolgt: Er hatte eine Windharfe gebaut, die im Wind erklang, ohne daß jemand darauf spielte. Sein Geheimnis: Alle Saiten waren gleich gestimmt, so daß der Wind die Obertöne zum Klingen brachte.

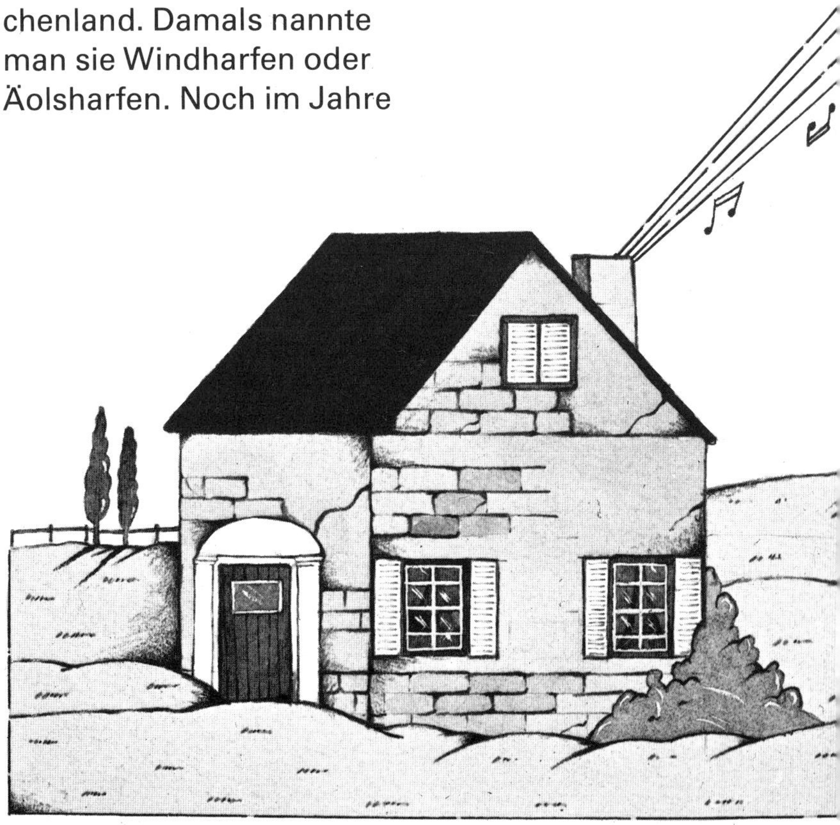

Vogelpfeife Ein Arzneiröhrchen aus Metall oder Plastik schlitzt du der Länge nach auf. Am Deckel befestigst du eine Schnur und klebst ihn auf das Röhrchen. Jetzt kannst du die Pfeife durch die Luft wirbeln. Es klingt wie Vogelgezwitscher! Male deine Vogelpfeife auch bunt an.

Schwirrholz Befestige ein Stück Holz an einer Schnur und laß es über deinem Kopf sausen! Verstehst du nun, warum die Menschen schon vor 20 000 Jahren in diesen Klängen die Stimme des Donners, des Windes und der Geister hörten! In der Südsee, in Neuseeland und in Australien wird heute noch mit diesem Spiel der Regen „herbeigerufen".

Jaul-Schlauch Mit einem geriffelten Plastikschlauch kannst du schaurigschöne Heul- und Jaulklänge erzeugen, wenn du ihn in der Luft kreisen läßt. Den Schlauch kannst du bei einem Elektriker besorgen.

Summbogen Wenn du diese Seite umblätterst, siehst du Robinson mit seinem Bogen. Er schwingt ihn mit schnellen Bewegungen durch die Luft. Dabei kommt die straff gespannte Sehne zum Schwingen, und es entsteht ein summendes Geräusch.

Das große Luftkonzert Wenn sich alle deine Freunde ein Instrument gebastelt haben, dann sucht euch einen großen freien Platz aus, wo ihr gemeinsam euer Luftkonzert aufführen könnt. Laßt eure Instrumente wirbeln und sausen, heulen, jaulen, zwitschern, surren, summen und schwirren. Je schneller ihr das Instrument kreisen laßt, desto höher wird es klingen.

Robinson 6

Spiel mit Farben
Spiel mit Klängen
Spiel mit Wind
Spiel mit!

Spass am Bauen
Spass am Schauen
Spass am Spielen
Spass am Horchen

Register

Klappern und Ratschen

Rasseln

Trommeln

Klang- und Stabspiele

Klimpern

Saiteninstrumente

Blasinstrumente

Windspiele

Spiele

Nachspiele

Klingende Dachrinne
Eine Dachrinne als Musikinstrument? Horch, wie es klingt, wenn Kugeln oder Spielzeugautos durch die Dachrinne sausen. Ob dich das nicht auf eine Idee für ein neues Instrument bringt?

Stuhl
Dieser Stuhl war mal zum Sitzen da. Nun ist aus ihm ein klingendes Spielzeug geworden. Ein paar Saiten spannen – und schon kannst du eine lustige Musik erklingen lassen.

Obstkiste
Aus einer Obstkiste kannst du einen Tast- und Klangkasten bauen. Stelle die Obstkiste auf und hänge Kugeln darin auf. Du kannst dazu Holzkugeln nehmen, Pingpongbälle, Walnüsse, Styroporkugeln oder runde Metallschellen. Nimm aber jeweils zwei gleiche Kugeln. Mit verbundenen Augen ertastest du die beiden Kugeln, die zusammengehören. Du erkennst sie an ihrer Oberfläche, an der Form und natürlich an ihrem Klang.

Blechdose
Nicht wegwerfen! Sie wird der große Bruder des kleinen Jahrmarktfrosches.
Wie die beiden sich wohl unterhalten?

Holzbrett

Besorge dir ein größeres Brett, ein paar Nägel und bunte Gummis. Schlage die Nägel in das Holz und spanne die Gummis über die Nägel. Das ergibt ein farbiges Zupfbild zum Anschauen und Horchen.
Auf diesem Instrument kannst du mit mehreren Freunden gleichzeitig spielen.

Röhren am Straßenrand

Ein klingendes Röhrenspiel am Straßenrand. Die Kanalisationsröhren lassen sich von außen und innen bespielen. Du kannst gegen die Wände trommeln, hineinrufen und hindurchkriechen. Für „Hausmusik“ leider nicht geeignet. Aber in kleinerem Format kannst du dir leicht Ähnliches bauen (siehe Seite 31).

QUELLEN

Lieder und Gedichte

S. 6: „Musikanten, die kommen", Text und Melodie: Walther Pudelko, Bärenreiter Verlag; S. 8: „Drei trappelnde Rappen" von Josef Guggenmos, aus: „Wenn Riesen niesen", Verlag Überreuter; S. 12: „Bettelmanns Hochzeit", volkstümlich; S. 15: „Ich bin eine Rassel", aus: „Wir sind vier Instrumente" von Klaus Hoffmann, Verlag pläne; S. 22: „Meine kleine Trommel" aus: „28 Kinderspiele aus aller Welt", Verlag Eres, Lilienthal/Bremen; S. 37: „Hmta, Hmta" aus: „Der Eisbrecher", Fidula Verlag, Boppard/Rhein; S. 43: „Ich bin ein Musikante", volkstümlich; S. 55: „Pfeiflied" aus: „Das Gripsliederbuch", Heinrich Ellermann Verlag, München.

Fotos

Volker Corell S. 8, 12, 31 unten
Marianne Fleitmann S. 25, 28, 41, 53
Antje Kreusch S. 49
Dorothée Kreusch-Jacob S. 7, 15, 17, 20 rechts oben und unten, links unten, 24 oben, 27, 30, 31 oben, 32, 33, 36, 43, 44, 45 Mitte und links, 54 unten und links, 55, 56, 59 rechts
Ursula Markus S. 24 unten
Hans Wallner S. 10, 14, 16, 18, 19, 20 Mitte, 35, 37, 38, 39, 40, 45 rechts, 50, 54 oben, 58, 59 oben.

Von der Autorin dieses Buches sind im Otto Maier Verlag noch weitere Bücher erschienen

Ein Liederbuch zum aktiven Mit-Spielen, nicht nur zum Nachsingen. Über 70 Lieder und Verse mit ebensovielen Spielvorschlägen. 60 Seiten, durchgehend farbig illustriert von Irmgard Eberhard, mit vielen Fotos von Volker Corell. Ab 3 Jahren.

ISBN 3-473-37409-1

Die schönen Spielsachen von früher kann man nachbasteln. Abbildungen aus alten Bilderbögen, alte Kinderverse und Kinderlieder vermitteln nostalgische Stimmung und regen zum Nachmachen an. 60 Seiten, mit schwarzweißen und farbigen Illustrationen von Sabine Lohf und 26 Farbfotos von Ursula Markus. Ab 5 Jahren.

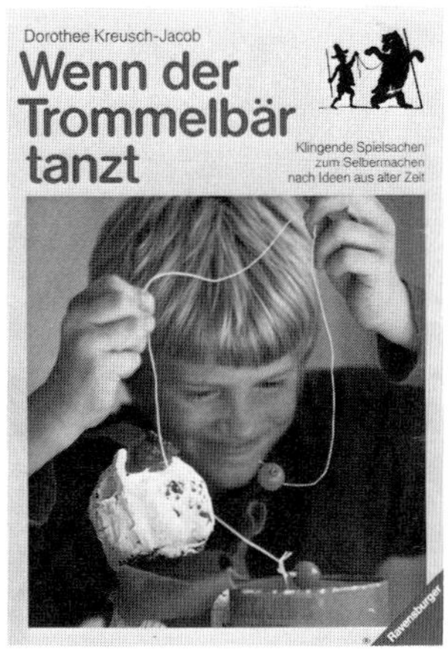

ISBN 3-473-37470-9

Ein musikalisches Spiel- und Werkbuch für Eltern und Erzieher. 127 Seiten mit zahlreichen schwarzweißen Fotos von Alexander Schuhmacher und Illustrationen von Hansjörg Langenfass. Ab 2 Jahren.

ISBN 3-473-41060-8